D0513784

4067. PARIS — L'Avenu